DU DROIT

DE PÉTITION.

PAR L. F. P. DE KERGORLAY,

PARIS,

J. G. DENTU, IMPRIMEUR-LIBRAIRE,

rue des Petits-Augustins, n° 5 (ancien hôtel de Persan),

DÉCEMBRE 1819.

DU DROIT

DE PÉTITION.

—

L'EXERCICE et les effets du droit d'adresser des pétitions aux Chambres doivent-ils être soumis à des règles? Quelles doivent être ces règles? Les auteurs et signataires de pétitions criminelles doivent-ils jouir de l'impunité? Telles sont les questions que je me propose d'examiner.

Le droit de pétition aux Chambres a deux objets principaux; le premier est de réclamer contre toute infraction aux lois existantes qui pourrait avoir été commise par quelque ministre; le second est de proposer des idées sur la législation.

Le premier est, suivant les principes de notre Constitution, indispensable à la sécurité individuelle des citoyens; le second peut être utile à l'instruction des Chambres, à laquelle toute fois la liberté de la presse peut paraître suffisamment pourvoir.

Ces deux objets principaux des pétitions sont susceptibles de graves abus, dont les uns empêchent les effets utiles qu'elles devraient produire, les autres produisent des effets nuisibles. L'exposition de ces abus doit montrer à la fois, et la nécessité de soumettre l'exercice et le droit de pétition à des règles, et la nature des règles auxquelles ils doivent être soumis.

PREMIER OBJET DES PÉTITIONS.

Réclamations.

Les réclamations adressées aux Chambres sont sujettes à un double abus ;

1° Elles leur sont le plus souvent adressées sur des choses qui ne sont pas de leur compétence ;

2° Lorsqu'elles leur sont adressées sur des choses qui sont de leur compétence, elles ne produisent d'ordinaire aucun résultat.

La compétence des Chambres, à l'égard des réclamations, se borne à l'infraction des lois existantes, lorsque cette infraction provient de quelque ministre.

L'administration, tant qu'elle se meut dans sa sphère sans violer les lois, n'est pas de la compétence des Chambres; et la violation des lois elle-même, tant qu'elle ne provient pas d'un ministre, doit être réprimée sans l'intervention des Chambres, par les diverses juridictions auxquelles, suivant les cas divers, sa répression est dévolue.

Dans la pratique actuelle des Chambres, les réclamations, quelle qu'en soit la nature, donnent ordinairement lieu à une discussion sur l'alternative de les renvoyer à quelque ministre, ou de passer à l'ordre du jour.

On n'est pas d'accord sur le sens du renvoi aux ministres.

Les uns y comprennent une recommandation, les autres une simple déclaration de l'incompétence de la Chambre, exprimée par le renvoi à l'autorité compétente.

Une recommandation tendrait à altérer la mutuelle indépendance que les pouvoirs constitutionnels doivent conserver entr'eux; les Chambres ne doivent donc pas recommander aux ministres du Roi; et néanmoins, si le renvoi aux ministres n'était pas compris comme une sorte de recommandation, d'où pourrait venir l'importance qu'on met aux discussions sur l'alternative entre ce renvoi et l'ordre du jour ?

La pratique actuelle est donc vicieuse, puisque l'intérêt qu'inspirent ces discussions décèle en bien des esprits l'idée d'une sorte de recommandation impliquée dans le renvoi aux ministres , et puisqu'une recommandation des Chambres aux ministres du Roi tend à la confusion des pouvoirs constitutionnels.

Lorsque les Chambres sont incompétentes, elles ne peuvent recommander aux agens de la puissance exécutive , sans exercer sur cette puissance une influence qu'elles ne doivent pas exercer ; et lorsqu'elles sont compétentes, elles ne peuvent se borner, envers ces agens responsables, à cette recommandation, sans abdiquer entre leurs mains des fonctions qu'elles ne doivent pas abdiquer.

Ici l'examen des effets que doit produire le droit de pétition se lie à la délicate question de la responsabilité ministérielle, qui a été abordée plusieurs fois sans avoir été résolue.

Je vais hasarder de dire ce que je pense sur cette controverse encore indécise. Je puis me tromper, mais mon erreur même pourrait être utile, en occasionnant un examen approfondi qui tendrait à la rectifier. La recherche de la vérité ne peut avoir de meilleur véhicule que la discussion libre des opinions sincèrement exposées.

Plusieurs projets de loi sur cette responsabilité ont été présentés à l'une ou à l'autre des Chambres depuis la restauration. Tous avaient un même vice, emprunté à nos premières assemblées révolutionnaires, celui d'étendre la responsabilité des ministres envers des Chambres législatives, à des choses qui sont du domaine exclusif de la puissance exécutive.

Il résulta de là que beaucoup de gens de bon sens et bien intentionnés frémirent de ce système d'envahissement de la puissance exécutive au profit des Chambres, et pensèrent que mieux encore valait renoncer à la responsabilité ministérielle, que de transférer aux Chambres la puissance exécutive.

C'est ainsi que sont tombés l'un après l'autre tous les projets de loi sur la responsabilité ministérielle. Mais avec eux tombe aussi toute la Charte, qui manquerait trop ou de bon sens ou de sincérité, sans l'organisation de cette responsabilité.

Or, cette responsabilité constitutionnelle, dont l'organisation doit fixer la puissance législative et la puissance exécutive dans leurs limites respectives, consiste uniquement, si je ne me trompe, en ce qu'il soit solennellement déclaré *que les ministres sont responsables de la fidèle exécution des lois aux Chambres législatives, dont l'une peut et doit les accuser, et l'autre les juger, pour leur infraction; et qu'ils ne sont responsables qu'au Roi seul des actes de leur administration par lesquels aucune loi n'est violée.*

Ce système a pour conséquence, que l'infraction *volontaire* des lois par les ministres leur soit imputée à trahison; et comme en effet leur devoir spécial est de les exécuter fidèlement, je ne vois point de mot qui convienne mieux que celui de *trahison* à la violation de ce devoir.

Il ne doit pas suffire toutefois qu'une loi ait été enfreinte par un ministre, pour que les Chambres lui imputent cette infraction à trahison. L'infraction peut avoir été involontaire, il peut ne l'avoir pas aperçue; il faut donc, avant qu'il puisse être accusé par la Chambre des députés, qu'il ait été averti par elle de l'infraction, et mis en demeure de la réparer.

Au moyen de cet avertissement préalable, l'inexécution persévérante d'une loi peut et doit être assimilée à son infraction.

Des principes qui viennent d'être exposés sur

la responsabilité ministérielle, découle d'une
manière toute naturelle la législation raison-
nable et constitutionnelle sur celles des pétitions adressées aux Chambres, dont l'objet est
une réclamation.

Lorsque cette réclamation se rapporte à des
choses qui sont du domaine exclusif de la puissance exécutive, c'est-à-dire à des actes admi-
nistratifs par lesquels n'est violée aucune loi,
alors elle doit être écartée par l'ordre du jour,
motivé sur l'incompétence des Chambres.

Lorsqu'au contraire elle se rapporte à une
infraction des lois existantes imputée à un ministre, alors la Chambre des pairs, qui peut être
apppelée à porter un jugement sur l'infraction,
doit, avant l'accusation, s'abstenir d'en connaî-
tre; mais la Chambre des députés, à qui la
Charte donné le droit et impose le devoir d'accuser les ministres pour fait de trahison, doit
examiner d'abord si le fait allégué est en effet
une infraction à quelque loi existante.

Si le résultat de cet examen lui fait penser
que le pétitionnaire s'est trompé à cet égard,
alors elle doit passer à l'ordre du jour, motivé
sur cette erreur du pétitionnaire.

Si, au contraire, le fait allégué lui paraît réel-
lement une infraction à quelque loi existante,

alors elle ne doit pas se contenter de sa pratique actuelle d'ordonner un vain renvoi au ministre, dont rien ne garantit aucun résultat; elle doit, au contraire, demander des éclaircissemens au ministre inculpé, et procéder ensuite suivant le résultat de cette demande.

Si le ministre refuse les éclaircissemens, comme il en a le droit, mais à ses périls et risques, la Chambre peut le mettre en état d'accusation, et alors il n'aura à répondre que devant la Chambre des pairs.

S'il donne, au contraire, à la Chambre des députés, les éclaircissemens demandés par elle, et si elle les trouve satisfaisans, l'affaire sera déterminée.

Si elle ne les trouve pas satisfaisans, elle pourra inviter le ministre à réparer l'infraction dans un délai déterminé; et si ce délai expire sans qu'il ait obtempéré à l'invitation, la Chambre pourra aussi alors l'accuser devant la Chambre des pairs.

Quant aux infractions aux lois qui proviendraient de fonctionnaires publics subordonnés aux ministres, chacun sait assez que, dans la pratique actuelle, la répression de ces infractions ne peut être poursuivie devant les tribunaux que sous le bon plaisir du Conseil d'État, corps amovible et non responsable. On allègue, à l'appui de cette pratique éversive de la Charte, qu'elle est fondée sur l'article 75 de la Constitution consulaire, connue sous le nom d'*Acte constitutionnel du 22 frimaire an* VIII (13 décembre 1799).

L'incompatibilité de cet article avec la Charte ne peut être méconnue. Cependant la pratique actuelle montre qu'il est réputé être toujours en vigueur : il est donc indispensable de l'abroger expressément.

Je sais que le privilége qu'il confère au Conseil d'État de couvrir d'une inviolabilité inconstitutionnelle tous les fonctionnaires publics subordonnés aux ministres, n'était pas moins incompatible avec les libertés publiques promises par les Constitutions consulaire et impériale, qu'avec celles que promet la Charte ; mais je sais aussi que ces Constitutions étaient une vaine jonglerie, une insultante déception. A côté de beaucoup d'articles très-sensés, on avait eu soin d'y en glisser quelques autres qui rendaient ceux-là inexécutables.

Ce système frauduleux convient à l'usurpation : il ne convient pas à la légitimité. Les voies de la légitimité doivent être droites, comme son culte est pur dans tous les cœurs honnêtes et sincères.

Il y a, au reste, un moyen bien simple de pourvoir, sans mauvaise ruse, à l'inconvénient auquel les partisans de l'article 75 de l'Acte du 22 frimaire an VIII disent qu'il est important de pourvoir. Ils disent que l'ordre public serait troublé, si les fonctionnaires publics pouvaient être traduits sans obstacle devant les tribunaux pour des faits relatifs à leurs fonctions. Qu'on les satisfasse donc ; qu'on rétablisse un obstacle, mais un obstacle constitutionnel, un obstacle responsable. Qu'au Conseil d'Etat non responsable, on substitue des ministres responsables, sans l'autorisation desquels ne puissent être poursuivis les fonctionnaires publics, mais qui ne puissent refuser cette autorisation que sous leur propre responsabilité, dont les effets ont été plus haut expliqués.

Ceux donc envers qui un fonctionnaire public aurait, dans l'exercice de ses fonctions, violé une loi existante, et qui n'auraient pas pu obtenir du ministre son supérieur l'autorisation de le traduire devant les tribunaux, seraient libres alors d'adresser une pétition aux Chambres, et celles-ci pourraient et devraient agir relativement à cette pétition, comme si elle était personnellement dirigée contre le ministre, puisqu'en refusant son autorisation il se serait approprié le sujet de la plainte.

SECOND OBJET DES PÉTITIONS.

Envoi d'idées relatives à l'utilité publique.

Les idées relatives à l'utilité publique sont relatives à l'administration ou à la législation.

Les idées relatives à l'administration ne sont pas de la compétence des Chambres ; elles ne doivent donc pas leur être adressées...

Les idées relatives à la législation sont de la compétence des Chambres ; mais le nom de pétition convient mal à l'envoi qui leur en est fait. Le nom d'*hommage* conviendrait mieux. Pétition veut dire *demande ;* et quand ce mot s'applique à une réclamation contre l'infraction des lois existantes, le droit de demander implique celui d'obtenir.

L'emploi du même mot pour l'envoi d'idées relatives à la législation, est doublement abusif.

1° Il peut induire à attribuer au premier venu le droit de faire adopter ses idées sur la législation ; les pétitions collectives sur des objets de législation ont visiblement cette tendance séditieuse, et sont en conséquence incompatibles avec l'indépendance constitutionnelle de la puissance législative ;

2° L'emploi du mot de *pétition* pour l'envoi d'idées sur des objets de législation, induit effectivement, suivant la pratique constamment usitée par la Chambre des députés depuis la restauration, à mettre ces idées en délibération publique, et à transférer par-là au premier venu l'initiative *publique* des lois, que la Charte n'accorde pas même aux Chambres, et que le Roi, en nous donnant cette Charte, s'est réservée à lui seul.

Deux règles me paraissent donc essentielles à établir; l'une, que les Chambres ne reçoivent jamais de pétitions collectives sur des objets de législation; l'autre, que les pétitions individuelles sur les mêmes objets n'y soient accueillies que comme de simples hommages qui ne doivent donner lieu à aucune délibération.

L'article 17 du règlement de la Chambre des députés porte qu'il ne sera fait, à la tribune, aucune analyse des ouvrages offerts à la Chambre; qu'un secrétaire en lira seulement le titre, et qu'ils seront déposés à la Bibliothèque.

Cette disposition ne convient pas moins pour les hommages manuscrits que pour les hommages imprimés; pour les uns comme pour les autres, elle convient à une Chambre qui doit accueillir, et désirer même toutes les lumières, mais qui doit aussi maintenir la Constitution et sa propre indépendance, et rejeter les avis impérieux.

Si on lit la Charte avec quelque attention, je pense qu'on y reconnaîtra qu'elle n'est pas plus favorable que le bon sens ordinaire aux pétitions collectives.

Son article 53, le seul où les pétitions soient mentionnées, est de la teneur suivante :

« Toute pétition, à l'une ou à l'autre des « Chambres, ne peut être faite et présentée que « par écrit. La loi interdit d'en présenter en « personne et à la barre. »

Cet article de la Charte n'établit pas le droit de pétition ; il paraît seulement le reconnaître comme existant avant elle, et le maintenir implicitement par la condition qu'il impose à son exercice.

Mais si la Charte maintient, que maintient-elle ? Apparemment ce qu'elle a trouvé existant.

Or la législation qu'elle a trouvée existante sur les pétitions était celle qui est énoncée en l'article 83 de l'acte du 22 frimaire an viii (13 décembre 1799). Cet article s'exprimait ainsi :

« Toute personne a le droit d'adresser des pé-« titions individuelles à toute autorité consti-« tuée, et spécialement au Tribunat. »

Le Tribunat fût aboli ; le reste de la disposition, qui autorisé à adresser des pétitions individuelles à toute autorité constituée , subsista dans sa généralité.

Son sens n'est pas difficile à comprendre. Accorder le droit d'adresser des pétitions individuelles, c'est assez clairement interdire les pétitions collectives ; et je ne pense pas que, même aujourd'hui, personne osât dire que la chose eût été, pendant toute la durée des Constitutions consulaire et impériale, comprise autrement.

La pratique fut, jusqu'à la restauration, constamment conforme à cette interprétation ; il n'y eut même pas lieu d'en faire l'application ; la persuasion que des pétitions collectives ne seraient pas tolérées était si universelle, qu'il ne vint à l'esprit de personne l'idée d'en fabriquer.

La Charte ayant succédé immédiatement à cet état de choses, je ne saurais concevoir d'où l'on prétendrait induire qu'elle eût entendu permettre ces mêmes pétitions collectives que, long-temps avant elle, avait justement fait tomber en désuétude l'expérience chèrement acquise de leurs graves abus.

Je pense donc que, quand dans la session de 1818 on a fait des rapports à la Chambre des députés sur des pétitions collectives, quand elle a délibéré sur leur objet, elle n'a pas agi conformément au véritable sens de la Charte. La Charte voulait, si j'en comprends bien le sens, non pas seulement que celles dont l'objet particulier serait un grand scandale public fussent écartées par l'ordre du jour, mais qu'elles fussent toutes indistinctement rejetées, par la seule raison qu'elles seraient collectives.

Peut-être l'erreur qui produisit les séances de la Chambre des députés des 17 mai et 25 juin derniers, fut-elle une heureuse erreur. Les pétitions pour le rappel des régicides donnèrent à la Chambre l'occasion de manifester à deux reprises sa vertueuse indignation contre le plus odieux des crimes, et de venger la nation de l'atroce outrage que voulaient lui faire les pétitionnaires et leurs fauteurs.

Toutefois, les délibérations d'ailleurs les plus honorables sur des pétitions collectives dont l'objet était un indigne scandale, ont eu le grave inconvénient de laisser prendre pied à l'usage inconstitutionnel de cette sorte de pétitions. Or, le principe même des pétitions collectives sur des objets de législation, doit être réprouvé et réprimé, parce qu'il est funeste à la tranquillité publique, parce qu'il tend manifestement à l'envahissement de la puissance législative, parce qu'il est l'institution d'un état de guerre contre toute Constitution établie.

Les pétitions collectives sur des objets de législation sont l'artifice d'une minorité turbulente qui, se groupant pour faire nombre, veut effrayer par ce nombre une majorité paisible et dispersée, et l'asservir; veut surtout effrayer et asservir le gouvernement légitime et les pouvoirs constitutionnels qui sont les représentans légitimes et constitutionnels de cette majorité paisible et fidèle. Les signataires de ces pétitions sont ou des conspirateurs eux-mêmes, ou d'aveugles instrumens de conspiration. Dociles d'ailleurs à l'ascendant de celui qui les met en œuvre, ils ne l'astreignent pas à une longue hypocrisie. Troupeau servile, ils frayent la route à l'usurpation par l'anarchie, et ne tardent point à se plier sans résistance au joug du tyran.

Le soin de préserver une Constitution d'envahissement demande une vigilance continuelle; et le danger dont la nôtre est menacée par les pétitions collectives, est un sujet bien digne de méditation, au moment de l'ouverture d'une session nouvelle.

Des pétitions collectives sur trois objets imporlans ont en effet occupé l'attention publique pendant la session dernière.

Chacun de ces objets avait un vice particulier qui doit être remarqué.

Les premières avaient pour objet d'empêcher la puissance législative de faire à la loi d'élection les modifications que conseillerait l'expérience. Mais le devoir, ainsi que le droit de la puissance législative, est de donner aux lois, suivant ses lumières et sa conscience, le perfectionnement dont elles lui paraissent susceptibles. Le degré de perfectibilité de la nature humaine est un problême qu'il n'est pas donné aux hommes de résoudre. Mais la tendance de la volonté et de l'action vers le perfectionnement est à la fois un noble instinct et un devoir moral, contre lequel ne s'insurgèrent jamais que les plus dépravés des hommes.

Les secondes pétitions collectives, sous le nom hypocrite de *rappel des bannis*, parurent avoir pour unique objet le honteux rappel des régicides. Quant au rappel des autres bannis, comme l'ordonnance contre-signée du duc d'Otrante, qui les désigne, ne donna aucune lumière sur les fautes qui leur étaient imputées, comme tous les efforts des ministres pour engager la Chambre des députés de 1815 à bannir par une

loi des individus dont les fautes lui étaient in-
connues furent vains, comme leur bannissement par ordonnance n'a jamais eu d'autre
cause connue que la volonté du Roi, et comme
leur retour n'a jamais dépendu que de son bon
plaisir, il était impossible d'adresser aux Chambres une pétition où elles fussent plus incompétentes. Quant au rappel des régicides, il était
impossible de leur en présenter une où elles
fussent plus odieusement insultées.

La dernière pétition collective a été celle des
trois cents prétendus élèves de l'Ecole de droit,
qui demandaient à être rendus aux leçons d'un
professeur-suppléant provisoirement suspendu
par la commission d'instruction publique. Je dis
la pétition des trois cents *prétendus* élèves, parce
que trois cents noms écrits au bas d'une pétition
ne prouvent ni l'existence de trois cents signataires ni la réalité de la qualité qu'ils s'attribuent.
Or, un des grands vices de la pratique actuelle
sur les pétitions, est précisément cette facilité
indistincte qui les admet toutes sans qu'aucune
mesure soit prise pour préserver la dignité de la
Chambre, en constatant l'existence des pétitionnaires. On n'admettrait pas des pétitions ano-
nymes ; pourquoi en recevoir de pseudonymes ?
Un anonyme est souvent un homme honnête

et modeste ; un pseudonyme est toujours un fripon.

L'objet de la pétition des prétendus élèves de l'Ecole de droit était d'ailleurs tellement étranger à la Chambre, que les pétitionnaires eux-mêmes ne méconnurent pas son incompétence ; ils ne lui demandèrent pas de les rendre elle-même à leur turbulent professeur, ils lui demandèrent seulement son intercession auprès de l'autorité compétente. Mais dans une Constitution bien ordonnée, l'intercession d'un des pouvoirs constitutionnels auprès d'un autre serait une chose bien vicieuse et bien contraire à l'indépendance mutuelle qu'ils doivent soigneusement préserver entr'eux. La Chambre, alors même que le professeur eût été la victime d'une injustice, au lieu d'être l'agent ou l'occasion d'une sédition, eût donc, en s'abstenant comme elle l'a fait, montré une louable sagesse.

Mais il faut encore répéter ici qu'une délibération sage ne dispense pas de fixer les règles qui doivent, et assurer la sagesse des délibérations futures, et exclure même les objets qui ne sont pas des objets convenables de délibération.

Cas où les pétitions seraient criminelles.

Il reste à considérer le cas où des pétitions seraient criminelles. On ne peut pas rejeter cette supposition comme une impossibilité; il y a des crimes que les lois ont jugés possibles, puisqu'elles leur assignent des peines, et auxquels on ne doit pas inviter une lâche audace en lui ouvrant une voie d'impunité. Cette voie d'impunité fut ouverte, pendant la révolution, aux pétitionnaires, et l'on sait à quelles atrocités la lâche audace de plusieurs, ainsi encouragée, se porta.

En imitation de la félonie d'alors, des pétitions peuvent encore aujourd'hui contenir ouvertement la proposition de commettre quelqu'un des crimes prévus par les articles 86 et 87 du Code pénal. Ces crimes sont, comme on sait, *l'attentat ou le complot contre la vie ou la personne du Roi; l'attentat ou le complot contre la vie ou la personne des membres de la Famille royale; l'attentat ou le complot dont le but serait soit de détruire ou de changer le gouvernement ou l'ordre de successibilité au trône, soit d'exciter les citoyens ou habitans à s'armer contre l'autorité royale.* Soit que la proposition

de commettre un de ces crimes fût, en raison
de la publicité inhérente aux pétitions, considérée comme *l'attentat* même, c'est-à-dire
comme *l'acte commis ou commencé pour parve-
nir à l'exécution de ce crime, quoiqu'il n'ait
pas été consommé ;* soit qu'elle fût considérée
seulement comme *une proposition faite et non
agréée de former un complot pour arriver au
même crime ;* en l'un et l'autre cas, la proposition de commettre ce crime est elle-même un
crime, passible, suivant les articles 88 et 90 du
Code pénal, dans le premier cas, de la peine de
mort, et dans le second, de celle de la réclu-
sion ou de celle du bannissement.

L'auteur d'un tel crime, le signataire ou les
signataires d'une pétition qui contiendrait une
proposition si criminelle, doivent être poursuivis criminellement ; ils ne doivent pas être
protégés par la lâche hypocrisie avec laquelle
ils auraient voulu se couvrir du nom respectable
de pétition, en le profanant.

FIN.